Amigos de Jesus

ACESSE NOSSO SITE! ELE TAMBÉM CONTA COM MATERIAIS ESPECÍFICOS PARA OS PAIS E CATEQUISTAS.

CADASTRE-SE E RECEBA NOSSA REVISTA EM SUA CASA.

Rua Pe. Claro Monteiro, 342 - 12570-045 - Aparecida-SP
Tel.: 12 3104-2000 - Televendas: 0800 - 016 00 04
www.editorasantuario.com.br
vendas@editorasantuario.com.br

...JESUS É SEMPRE O MELHOR AMIGO, E, EM VÁRIAS PASSAGENS, ISSO FICA EVIDENTE.

DE QUAIS PASSAGENS SOBRE JESUS VOCÊS MAIS GOSTAM?

EU GOSTO DO BATISMO DE JESUS.
"JOÃO BATISTA ENSINAVA ÀS PESSOAS A RESPEITO DE JESUS CRISTO E EXPLICAVA QUE DEVIAM SE ARREPENDER DE SEUS PECADOS E SER BATIZADAS."
"ENSINAVA QUE DEVERIAM CUIDAR DOS POBRES, DIZER A VERDADE E SER JUSTAS. FALAVA QUE JESUS CRISTO LHES DARIA O ESPÍRITO SANTO."
"UM DIA, QUANDO JOÃO BATISTA ESTAVA BATIZANDO AS PESSOAS NO RIO JORDÃO, JESUS CRISTO APARECEU E PEDIU QUE JOÃO O BATIZASSE."
"JOÃO SABIA QUE JESUS NÃO PRECISAVA SER BATIZADO, MAS ELE QUERIA DAR O EXEMPLO...
...E ASSIM ACONTECEU."
"QUANDO JESUS SAIU DA ÁGUA, O ESPÍRITO SANTO DESCEU SOBRE ELE, E UMA VOZ ANUNCIOU: ***ESTE É MEU FILHO AMADO, EM QUEM COLOCO MEU AMOR.***"

PARA MIM, É A PASSAGEM "AS BODAS DE CANÁ".
"JESUS E MARIA ESTAVAM EM UMA FESTA DE CASAMENTO NA CIDADE DE CANÁ. NO MEIO DA FESTA, ACABOU O VINHO. MARIA PERCEBEU, CHAMOU JESUS E..."
"ELE PEDIU AOS TRABALHADORES DA FESTA PARA COLOCAREM ÁGUA NAS VASILHAS QUE EXISTIAM ALI."
"...PEDIU QUE ELE FIZESSE ALGUMA COISA. PRIMEIRO, JESUS DISSE QUE NÃO, MAS COMO FOI UM PEDIDO DE SUA MÃE, ELE CONCORDOU."
"DEPOIS, JESUS PEDIU QUE SERVISSEM. ASSIM FOI O PRIMEIRO MILAGRE. TRANSFORMAR ÁGUA EM VINHO."
ISSO SIMBOLIZA QUE A PRESENÇA DE JESUS TRANSFORMA TUDO DE NOSSA VIDA EM ALEGRIA.

EU GOSTO DAQUELA PASSAGEM, QUANDO JESUS ANDA SOBRE AS ÁGUAS.
"ERA NOITE, E JESUS RESOLVEU ENCONTRAR SEUS AMIGOS QUE ESTAVAM DENTRO DE UM BARCO, BEM LONGE DA TERRA. UM VENTO FORTE SOPRAVA."
"JESUS FOI ATÉ LÁ ANDANDO. QUANDO O VIRAM, FICARAM COM MEDO PENSANDO QUE ERA UM FANTASMA. E JESUS LOGO DISSE: 'CORAGEM! SOU EU. NÃO TENHAM MEDO!'"
"PEDRO DISSE: 'SE ÉS TU, MANDA-ME IR AO TEU ENCONTRO POR SOBRE AS ÁGUAS'. E JESUS O CONVIDOU A CAMINHAR PELAS ÁGUAS."
"PEDRO SAIU DO BARCO, ANDOU SOBRE AS ÁGUAS, NA DIREÇÃO DE JESUS. MAS, QUANDO REPAROU NO VENTO, FICOU COM MEDO E, COMEÇANDO A AFUNDAR, GRITOU: 'SALVE-ME, SENHOR!'"
"JESUS SEGUROU SUA MÃO E DISSE: 'HOMEM DE PEQUENA FÉ, POR QUE DUVIDOU?' QUANDO ENTRARAM NO BARCO, O VENTO PAROU."

ISSO NOS MOSTRA A IMPORTÂNCIA DA FÉ.
EU GOSTO MUITO DA PASSAGEM DO AMIGO DE JESUS, LÁZARO.
TAMBÉM GOSTO MUITO DESSA PASSAGEM. É O MILAGRE DE DEVOLVER A VIDA AO SEU AMIGO.
ESSE É UM BOM EXEMPLO DE AMIZADE, E DEVEMOS SABER DIREITINHO A HISTÓRIA. FOI ASSIM:

"JESUS ERA MUITO AMIGO DE MARTA, MARIA E LÁZARO, TRÊS IRMÃOS QUE VIVIAM EM UMA CIDADE CHAMADA BETÂNIA."

"UM DIA, LÁZARO FICOU DOENTE, E SUAS IRMÃS PEDIRAM PARA AVISAR JESUS, ESPERANDO QUE ELE O CURASSE."

"JESUS DEMOROU DOIS DIAS PARA IR ATÉ LÁZARO, PORQUE ESTAVA EM OUTRA CIDADE. QUANDO ELE CHEGOU, LÁZARO JÁ TINHA MORRIDO E ESTAVA SEPULTADO. AS IRMÃS ESTAVAM MUITO TRISTES E LAMENTARAM QUE JESUS NÃO CHEGARA ANTES. JESUS DISSE PARA ELAS: 'EU SOU A RESSURREIÇÃO E A VIDA. QUEM CRÊ EM MIM, AINDA QUE MORRA, VIVERÁ'. JESUS TAMBÉM CHOROU, PORQUE AMAVA MUITO AQUELE AMIGO."

"CHEGANDO AO SEPULCRO, JESUS PEDIU QUE TIRASSEM A PEDRA E DISSE: 'LÁZARO, VENHA PARA FORA'."

NOSSA! FOI LINDO, PADRE BENTO! É BOM GOSTAR DOS AMIGOS!
É ISSO MESMO, CIDINHA!
MAS NOSSO MELHOR AMIGO SEMPRE SERÁ JESUS!
ACHO QUE NÓS TAMBÉM SEREMOS SEMPRE AMIGOS!
FIM

QUEM QUER UM ABRAÇO?
ABRAÇO GRÁTIS!
QUEM QUER UM ABRAÇO?
QUE NOVIDADE É ESSA, ZACA?

EU QUERIA SER GENEROSO E FAZER UMA BOA AÇÃO. ENTÃO RESOLVI DAR ABRAÇOS A QUEM PRECISA.
MUITO INTERESSANTE! E QUANTAS PESSOAS VOCÊ JÁ ABRAÇOU?

ACHO QUE AS PESSOAS NÃO ENTENDERAM MUITO BEM MINHA IDEIA.
ENTÃO POR QUE VOCÊ NÃO ME EXPLICA MELHOR?
TUDO COMEÇOU QUANDO RESOLVI ALMOÇAR UM SANDUÍCHE, POIS EU NÃO QUERIA PARAR DE BRINCAR DE SKATE.
ENTÃO FUI FAZER UMA MANOBRA RADICAL E...
... MEU "SANDUBA" FOI PARAR NO CHÃO.
SÓ PARA COMPLETAR O ESTRAGO, UM CACHORRO VEIO E COMEU TUDO!
BOM, PELO MENOS ALGUÉM AQUI CONSEGUIU ALMOÇAR, AMIGÃO!
NHAM, NHAM, NHAM!

OI, ZACA! EU VI TUDO! TOME... FIQUE COM METADE DO MEU LANCHE!
ISSO NÃO É JUSTO, TIJOLINHO! ASSIM VOCÊ VAI FICAR COM FOME.
NÃO TEM PROBLEMA. O IMPORTANTE É PODER AJUDAR VOCÊ.
COMO PODEREI AGRADECER, TIJOLINHO?
QUE TAL TENDO UMA ATITUDE GENEROSA COM OUTRA PESSOA?
ENTENDI! GENTILEZA GERA GENTILEZA!
ISSO MESMO!
MAS COMO É QUE VOU FAZER ISSO? NÃO TENHO NEM UMA MOEDINHA NO BOLSO.
A GENEROSIDADE VEM DO CORAÇÃO. É UMA INCLINAÇÃO DE ESPÍRITO. NÃO ENVOLVE APENAS BENS MATERIAIS.

ÀS VEZES, UM ABRAÇO SINCERO VALE MAIS DO QUE SEU DINHEIRO.
VALEU, TIJOLINHO! ACHO QUE JÁ SEI O QUE VOU FAZER.
E FOI ASSIM QUE RESOLVI DAR ABRAÇOS SINCEROS PARA AS PESSOAS. QUER UM, CIDINHA?
OBRIGADA! SEU GESTO É MUITO LEGAL!
AGORA VOCÊ TAMBÉM VAI TER QUE FAZER UMA AÇÃO GENEROSA PARA ALGUÉM.
É MESMO! MAS NÃO TEM PROBLEMA.
LÁ VÊM A SILVANA E O FELIPE! VAMOS ABRAÇÁ-LOS TAMBÉM!

E ASSIM, UM A UM, TODOS OS DEVOTOS MIRINS CHEGAM PARA PARTICIPAR.
OLHE O ABRAÇO SINCERO!
Abraços Grátis
QUEM VAI QUERER?
PEÇA UM E LEVE DOIS!
É GRÁTIS!
ABRAÇO, ABRACINHO OU ABRAÇÃO...
O QUE É ISSO? PARECE UMA FEIRA!
ESTAMOS SENDO GENEROSOS. DANDO ABRAÇOS PARA QUEM QUISER.
HAHAHA... MUITO BACANA, CRIANÇAS! MAS NÃO PRECISAM DE TUDO ISSO! GENEROSIDADE É ALGO QUE SE PRATICA NO DIA A DIA, NAS COISAS NORMAIS...
VOU EXPLICAR MELHOR! VOCÊ PODE, POR EXEMPLO...

... CEDER SEU LUGAR NO ÔNIBUS A QUEM PRECISA MAIS DO QUE VOCÊ.
DOAR SEU TEMPO, FAZENDO TRABALHOS VOLUNTÁRIOS... COMO CUIDAR DE UMA PRAÇA OU DE UMA ESCOLA.
ALGUNS DOAM CONHECIMENTO, TRANSMITINDO O QUE SABEM. TODO MUNDO TEM ALGO PARA ENSINAR.
OUTROS DÃO O SEU CARINHO E A SUA ATENÇÃO. COMO AS PESSOAS QUE VISITAM DOENTES EM HOSPITAIS OU CRIANÇAS EM ORFANATOS.
PUXA! QUANTA COISA PODEMOS FAZER ALÉM DA DOAÇÃO DE COMIDA, BRINQUEDOS OU ROUPAS A QUEM PRECISA, NÃO É?
SIM! GENEROSIDADE SIGNIFICA ESTAR SEMPRE ABERTO E PRONTO, PARA AJUDAR AS PESSOAS.

ISSO MESMO! E JÁ QUE TODOS ESTÃO DISPOSTOS, QUE TAL DISTRIBUIR ABRAÇOS NO ASILO DA CIDADE? LÁ EXISTEM MUITOS VOVÔS E VOVÓS PRECISANDO DESSE CARINHO.
EU ACHO ESSA IDEIA MARAVILHOSA!
A GENEROSIDADE É QUERER DIVIDIR O BEM COM O PRÓXIMO.
E QUANDO DIVIDIMOS COISAS BOAS COM OS OUTROS...
... A ALEGRIA É SEMPRE MULTIPLICADA!
A GENEROSIDADE FAZ BEM PARA QUEM DÁ E PARA QUEM RECEBE.
CASA DE REPOUSO VOVÔ FELIZ
FIM

TODOS PRECISAM DE TODOS!
OI, SILVANA! VOCÊ SABE TOCAR VIOLÃO?
UM POUQUINHO, ZACA! A CIDINHA ME ENSINOU UM POUCO DE VIOLÃO, E ESTOU TENTANDO FAZER UMA CANÇÃO.
É MESMO? CANTE UM POUCO PARA MIM!
ESTÁ BOM... É MAIS OU MENOS ASSIM...
OBRIGADA, PADEIRO, POR FAZER O PÃO! OBRIGADA, AGRICULTOR, POR CUIDAR DA PLANTAÇÃO! OBRIGADA, PROFESSORA, POR ENSINAR A LIÇÃO...

AINDA NÃO TERMINEI! O QUE ACHOU?
AH... ER... EU... HÃ... ESTOU SEM PALAVRAS...
ZACA! VOCÊ NÃO GOSTOU DA MINHA MÚSICA? PODE FALAR!
DESCULPE, SILVANA...
MAS É QUE EU ACHEI MEIO EXAGERADO ESSE NEGÓCIO DE OBRIGADO PARA LÁ E PARA CÁ.
A IDEIA É MOSTRAR QUE PRECISAMOS DE OUTRAS PESSOAS PARA VIVER...
...QUE TODO MUNDO TEM IMPORTÂNCIA E MERECE NOSSO AGRADECIMENTO!
POIS EU SOU INDEPENDENTE! EU ME VIRO SOZINHO!
OLHE SÓ QUEM FALA!
SEM QUERER OUVIMOS A CONVERSA! PENSE BEM, ZACA! VOCÊ NÃO PRECISA DOS CUIDADOS E DA PROTEÇÃO DOS SEUS PAIS, NÃO?

AH, CIDINHA! MAS COM PAI E MÃE É DIFERENTE! ELES MERECEM NOSSO OBRIGADO! ASSIM COMO NOSSOS AVÓS, TIOS, MADRINHAS...
MAS DE RESTO... EU SOU MAIS EU!
ESTÁ BEM, E SE NINGUÉM TIRASSE LEITE DA VACA, COMO É QUE VOCÊ IA BEBER?
OI, FELIPE!
ASSIM NÃO VALE, VOCÊ SABE QUE EU ADORO TOMAR LEITE DE MANHÃ!
PENSE BEM, ZACA! VOCÊ NÃO PRECISA DE NINGUÉM, MESMO?
"JÁ IMAGINOU VOCÊ TENDO QUE PEGAR SEU PRÓPRIO ALIMENTO?"
"FAZER SUAS PRÓPRIAS ROUPAS?"

"LIMPAR E ARRUMAR SUA CASA, SUA ESCOLA, AS RUAS E AS PRAÇAS?"
"OU APAGAR INCÊNDIOS E SALVAR PESSOAS?"
"VOCÊ CONSEGUIRIA CUIDAR DE VOCÊ MESMO QUANDO ESTIVESSE DOENTE?"
"E AINDA ESCREVER E IMPRIMIR SEUS PRÓPRIOS LIVROS E GIBIS PARA LER DEPOIS?"
É... SERIA ESTRANHO LER SOMENTE COISAS ESCRITAS POR MIM... EU JÁ SABERIA O FINAL DE TODAS AS HISTÓRIAS!
VOCÊ SERIA CAPAZ DE FAZER SUA PRÓPRIA CASA?

SERVE MONTAR UMA BARRACA DE CAMPING?
QUEM VAI ACAMPAR?
OI, TIJOLINHO! OI, JOÃO!
É QUE O ZACA ACHA QUE PODE VIVER SEM PRECISAR DE NINGUÉM!
HOJE ESTAVA PENSANDO NISTO: DESDE A HORA EM QUE LEVANTAMOS ATÉ A HORA DE DORMIR DEPENDEMOS DE MUITA, MUITA GENTE...
"EXISTEM PESSOAS TRABALHANDO O TEMPO TODO PARA TERMOS ÁGUA E LUZ EM NOSSAS CASAS!"
"E TAMBÉM TRANSPORTANDO COISAS PELAS ESTRADAS, FERROVIAS E RIOS!"
TRANSPORTES LEVA LÁ
E LEVANDO PESSOAS TAMBÉM, NÉ?
SIM, JOÃO! NOS ÔNIBUS, BARCOS, TRENS, AVIÕES...

OLHE A SUA VOLTA, ZACA! VOCÊ DEPENDE DE TODAS ESSAS PESSOAS!
PADARIA
FARMÁ'CIA
MERCEARIA
ESCOLA
LIXO
ALFACE
É, TURMA! ACHO QUE EU EXAGEREI UM POUQUINHO!
MAS SABE O QUE É MAIS LEGAL DISSO TUDO, ZACA?
É QUE VOCÊ TAMBÉM PODE SER ÚTIL E FAZER MUITAS COISAS POR OUTRAS PESSOAS!

É, EU JÁ AJUDO, TOMANDO CONTA DO MEU IRMÃOZINHO!
PARABÉNS! E VOCÊ ESTUDA PARA, NO FUTURO, TER UMA PROFISSÃO!
ALGUÉM FALOU EM ESTUDAR?
EU QUERO SER ENGENHEIRO!
EU ACHO QUE QUERO SER MÉDICA!
EU, PROFESSOR!
EU, ASTRONAUTA!
EU... AINDA NÃO SEI O QUE EU QUERO SER...
TUDO BEM, TURMA! VOCÊS TÊM TEMPO PARA ESCOLHER A PROFISSÃO. MAS TODOS PODEM FAZER BOAS AÇÕES E AJUDAR MUITA GENTE DESDE JÁ!
OBA! QUERO COMEÇAR AGORA!
TIJOLINHO, EU PRECISO DE AJUDA PARA BZZ BZZZZ BZZZZ....

POIS É UMA IDEIA ÓTIMA, SILVANA! ACHO QUE TODOS VÃO QUERER AJUDAR VOCÊ!!
ASSIM...
É UM, DOIS, TRÊS E...
EU QUERO FAZER UMA CANÇÃO, PARA AGRADECER A QUEM ME AJUDAR A VIVER...
"...OBRIGADO! OBRIGADO! OBRIGADO! SEM VOCÊS NÃO SOU NINGUÉM..."
E TODOS JUNTOS PODEMOS FAZER AINDA MAIS!
FIM

CONVITE PARA AS FAMÍLIAS
REUNI VOCÊS AQUI PORQUE ESTOU PREOCUPADO COM AS OUTRAS CRIANÇAS DO NOSSO BAIRRO.
O QUE HOUVE, TIJOLINHO?
PERCEBO QUE NEM TODAS AS CRIANÇAS TÊM UM SORRISO FELIZ, IGUAL AO DA NOSSA TURMA.
ACHO QUE ESSAS CRIANÇAS PRECISAM ENTRAR PARA A TURMA DEVOTOS MIRINS.
ESTA É UMA TAREFA PARA NÓS, QUE SABEMOS O VALOR DE SERMOS CRISTÃOS.
PODEMOS FALAR COM NOSSOS PAIS SOBRE A MISSÃO DE SER DA NOSSA FAMÍLIA.
BOA IDEIA, SILVANA! É IMPORTANTE FAZER O CONVITE A NOVAS FAMÍLIAS.
TODAS AS CRIANÇAS VÃO TER MATERIAL DE QUALIDADE.
TIJOLINHO, PREPARE UM MATERIAL EXPLICANDO PARA OS NOVOS DEVOTOS MIRINS E PARA SEUS PAIS!

VAMOS NOS UNIR E CONVIDAR MUITAS FAMÍLIAS.
FAMÍLIAS FALAM COM OUTRAS FAMÍLIAS E AUMENTAMOS A NOSSA.
MAIS CRIANÇAS SORRINDO!
VOU AGORA MESMO FALAR PARA OS MEUS PAIS CONVIDAR A FAMÍLIA DOS MEUS AMIGOS.
APROVEITE SEU LIVRO PARA CONHECER A TURMA.
É BOM SER AMIGO DE JESUS E DA MÃEZINHA APARECIDA!

É IMPORTANTE SER UM DEVOTO MIRIM! VOCÊ SABE POR QUÊ?
PARA RECEBER MENSALMENTE A REVISTA DEVOTOS MIRINS, QUE É EDUCATIVA E SEMPRE TRAZ NOVIDADES.
EU SEI, PORQUE SOU MAIS FELIZ!
PARA CRESCER NA FÉ.
PARA FAZER AMIGOS.

CONVITE especial

QUERIDOS PAIS OU RESPONSÁVEL POR UMA CRIANÇA QUE ESTÁ SENDO CONVIDADA PARA SER "DEVOTO MIRIM".

DÊ PARA A CRIANÇA QUE VOCÊ AMA MATERIAIS PARA ELA CRESCER NA FÉ.

VEJA NO QUADRO AS VANTAGENS DE SER DEVOTO MIRIM DA MÃEZINHA APARECIDA

O DEVOTO MIRIM:

- RECEBE MENSALMENTE A REVISTA COM HISTÓRIAS EDUCATIVAS, CATEQUESE, JOGOS E BRINCADEIRAS;
- RECEBE FIGURINHAS COLECIONÁVEIS DE HISTÓRIAS BÍBLICAS;
- TEM ACESSO A JOGOS E APLICATIVOS QUE REFORÇAM MATÉRIAS DA ESCOLA E AINDA OS VALORES DA FÉ.

ENFIM: UM DEVOTO MIRIM SABE AGRADECER A DEUS E À MÃEZINHA POR SUA FAMÍLIA E TODAS AS BÊNÇÃOS QUE RECEBE SEMPRE.

Cadastre a criança que você ama e receba mensalmente a Revista Devotos Mirins!

FICHA DE INSCRIÇÃO

DEVOTOS MIRINS

Nome:			Sexo: M [ ] F [ ]
Nascimento: / /	CEP:	UF:	Cidade:
Endereço:		Nº:	Complemento:
Bairro:	Cel.:	E-mail:	
Responsável:			Sexo: M [ ] F [ ]
Nascimento: / /	CPF:		
[ ] Pai/Mãe	[ ] Outro parentesco	Qual?	
Assinatura:			

( ) AUTORIZO O TRATAMENTO DE MEUS DADOS PESSOAIS PARA ENVIO DE INFORMAÇÕES PASTORAIS, DE PRODUTOS E SERVIÇOS, BEM COMO PARA SOLICITAÇÃO DE DOAÇÕES ESPONTÂNEAS, SEM CARÁTER DE COBRANÇA, PELAS ORGANIZAÇÕES QUE COMPÕEM O GRUPO SANTUÁRIO NACIONAL DE N. SRA. APARECIDA, POR MEIO DOS CANAIS DE COMUNICAÇÃO DA ORGANIZAÇÃO, CONFORME POLÍTICA DE PRIVACIDADE.

Tire uma foto desta página e encaminhe no e-mail: devotos@santuarionacional.com ou envie para o Whatsapp (12) 3104-1212, digitando a palavra "Cadastro".

Você pode também fazer o cadastro da sua família ou jovem no site A12.com/familiadosdevotos. Vamos juntos construir essa história de amor com a Casa da Mãe.

SANTUÁRIO NACIONAL APARECIDA

O SANTUÁRIO NACIONAL zela por sua privacidade e está em processo permanente de busca da conformidade com a **Lei Geral de Proteção de Dados (LGPD) - Lei Federal 13.709/18**. A todo e qualquer momento, você poderá obter informações sobre seus dados ou solicitar a remoção, por meio de um canal exclusivo para este fim: **privacidade@santuarionacional.com**. Nossa política de privacidade está disponível no **Portal A12: A12.com/politicadeprivacidade**.